explora!

Heft 4

Ovid | Metamorphosen
Mythos als Spiegel des Menschlichen

C.C.Buchner Verlag • Bamberg

Herausgegeben von Thomas Doepner, Marina Keip und Antje Sucharski

Heft 4 Ovid, Metamorphosen
wurde bearbeitet von Heike Braun, Godehard Hesse, Marina Keip und Stephanie Kurczyk

Zu dieser Lektüre sind erhältlich:

- Digitales Lehrermaterial **click & teach** Einzellizenz, Bestell-Nr. 432141

weitere Lizenzformen (Einzelizenz flex, Kollegiumslizenz) und Materialien unter www.ccbuchner.de

Bildnachweis
Adobe Stock / Vladimir Wrangel – S. 44; akg-images – S. 4, 5, 31; akg-images / Album, NY Metro-politan Museum of Art – S. 11; - Album, Oronoz – S. 8; - André Held – S. 28; - Heritage Images, Fine Art Images – S. 21; - Mel Longhurst – S. 25; - MONDADORI PORTFOLI, Luciano Pedicini – S. 43; - Nimatallah – S. 23; - picture-alliance / AP Photo, Gregorio Borgia – S. 15; Alamy Stock Photo / World History Archive – S. 5; bpk-Bildagentur / DeA Picture Library, G. Dagli Orti – S. 37; - RMN-Grand Palais, Hervé Lewandowski – S. 42; - Scala / courtesy of the Ministerio Beni e Att. Culturali – S. 37; - The Metropolitan Museum of Art – S. 39; Heike Braun, Duisburg - S. 15; M.C. Escher's "Metamorphosis" © 2018 The M.C. Escher Company – The Netherlands. All rights reserved. www.mcescher.com – S. 7; Getty Images Plus / iStock, DragonImages – S. 27; - Elvinagraph – S. 22; - gemenacom – S. 15; - gorodenkoff – S. 27; - kolae – S. 17; - Lazarev – S. 22; - NOKFreelance – S. 33 (2); - panic-attack – S. 35; - PointImages – S. 33; - Pom669 – S. 43; - sv-sunny – S. 17; - vuk8691 – S. 9; Gerhard Glück, Kassel – S. 35; Katja Hammerle, Berlin – S. 19; iStockphoto / DNY59 – S. 4; Marina Keip, Duisburg – S. 9; Andrea Naumann, Aachen – S. 6 (4), 41; Photo Scala / LIECHTEN-STEIN, The Princely Collections, Vaduz-Vienna – SCALA, Florence – S. 12; - White Images – S. 44; Ullstein-Bild / Alinari Archives, Mauro Magliani – S. 23.

1. Auflage, 3. Druck 2024
Alle Drucke dieser Auflage sind, weil untereinander unverändert, nebeneinander benutzbar. Dieses Werk folgt der reformierten Rechtschreibung und Zeichensetzung. Ausnahmen bilden Texte, bei denen künstlerische, philologische oder lizenzrechtliche Gründe einer Änderung entgegenstehen.

Redaktion: Katrin Brogl
Layout und Satz: ideen.manufaktur | bochum
Umschlaggestaltung: tiff.any GmbH
Druck und Bindung: Brüder Glöckler GmbH, Wöllersdorf

www.ccbuchner.de

ISBN 978-3-661-**43204**-5

Inhaltsverzeichnis

Salvete, cari lectores,

„Metamorphosen – Mythos als Spiegel des Menschlichen"– was soll das denn bedeuten?

In den Geschichten, die Ovid unter der Überschrift „Metamorphosen" erzählt, erleben mythische Gestalten und Götter ein Auf und Ab zwischen Glück und Niederlage, Bangen und Hoffen, Freude und Leid. In der Antike kannte jeder diese Mythen, und noch heute faszinieren sie die Menschen: in Bildern, Comics, Filmen, Musicals und Raps.

Dieses Lektüreheft möchte dich mitnehmen in die Bilderwelt des Mythos. Du bekommst hoffentlich Lust auf weitere Mythen mit ihrem Einfluss auf Kunst, Literatur und Musik; womöglich entdeckst du hinter dem Spiegel der Geschichten ein bisschen dich selbst.

Vor dir liegt ein *Arbeitsheft*! Also: Schreibe hinein, strukturiere, markiere farbig, ergänze und kommentiere deinen Arbeitsprozess.

Es gibt dabei folgende Arbeitsbereiche, die durch Farben und Symbole voneinander abgetrennt sind.

1. **Einführungskapitel** und abschließende **Interpretationsaufgaben** am Anfang und Ende des Heftes geben den „Roten Faden" der Lektüre vor.
2. **Texterschließung:** Als Einstieg in den Text helfen dir Texterschließungsaufgaben, rasch einen ersten Ein- und Überblick zu erhalten.
3. **Übersetzungsfragen:** Für die Detailübersetzung gibt es zur Wiederholung und Vertiefung der Grammatik und des Wortschatzes Aufgaben, die begleitend erledigt werden können. Das kann zu Hause oder während des Unterrichts in freien Arbeitsphasen geschehen. Deine Lehrerin oder dein Lehrer geben dir sicher Tipps, welche Aufgaben für dich geeignet oder wichtig sind. Was und wie viel übersetzt werden soll, entscheiden die Lehrerin oder der Lehrer.
4. **Interpretation:** Die Interpretationsaufgaben dienen sowohl dazu, den Text besser zu verstehen, und zu überlegen, ob die Themen heute noch aktuell sind, als auch dazu, den oben angesprochenen Überblick über die Nachwirkung (Rezeption) in der Kunst und Kultur zu erlangen. Anwendungsaufgaben ermöglichen sofort die Erprobung deiner neuen Kenntnisse.

Sammelfolien: Damit du bei der Arbeit den Überblick nicht verlierst, gibt es Sammelfolien, die herausgenommen werden können und begleitend – zum Beispiel nach jedem Kapitel – ausgefüllt werden sollten.
Am Ende des Heftes findest du eine Sammelfolie „Membra artusque", in der die beiden Statuen während oder nach der Lektüre eines jeden Textes mit lateinischen Begriffen des Sachfelds „Körper" beschriftet werden können.

Kompetenz-Checkpoints In Puncto: Hiermit kannst du deinen Lernfortschritt überprüfen und dir selbst neue Aufgaben vornehmen, um am Ende den größten Lernerfolg zu haben. Bei sorgfältiger Auswahl und Bearbeitung der Aufgaben eines Kapitels ist es sehr gut möglich, die Texte völlig selbstständig zu erarbeiten.

Wir wünschen dir viel Erfolg und würden uns freuen, wenn du erkennst, wie viel Spaß es machen kann, lateinische Dichtung zu lesen. Sicher bekommst du Lust, weitere Mythen zu entdecken! Denn: Mythos ist überall!

Ovid – der verbannte Dichter

Roma riabilita Ovidio, dopo 2000 anni revocato esilio
(Agenzia Ansa, periodicità quotidiana Roma, 15 dicembre 2017)

DER RÖMISCHE STADTRAT BEGNADIGT DEN DICHTER OVID
(Kölner Stadtanzeiger, 19.12.2017)

BETTER LATE THAN NEVER: Rome revokes the exile of the poet Ovid, 2,000 years after his death
(The Telegraph, Jersey, UK, 15 December 2017)

I1 Im Dezember 2017 ging die Nachricht um die Welt, dass die Verbannung des Dichters Ovid endlich aufgehoben wurde. Kaiser Augustus hatte Publius Ovidius Naso, einen talentierten Dichter, aus Gründen, die heute noch mysteriös sind, nach Tomi (heute Constanza) am Schwarzen Meer verbannt. Der Beschluss des römischen Stadtrats soll als symbolischer Akt verstanden werden, der auf den Wert der Freiheit von Künstlern in der Gesellschaft aufmerksam macht. Doch: Wer war eigentlich dieser Dichter?

a) Stell dir vor: Du kannst durch die Zeit reisen und ein Radio- oder Fernsehinterview mit Ovid führen. Formuliere die Fragen, die du ihm stellst. Beantworte sie mithilfe eines Lexikons oder des Internets.

b) Ovid schreibt in seinem Werk „Tristia", wie unglücklich er in Tomi ist. Informiere dich über die Lage des Ortes. Notiere, was Ovid an seinem Verbannungsort wohl schmerzlich vermisst.

Anton von Werner: Ovid. Berlin. 1877.

Ovids Lebenszeit – die Augusteische Klassik

Octavian ging siegreich aus den langen Wirren der Bürgerkriege nach dem Tod seines Adoptivvaters C. Iulius Caesar hervor und stellte als Kaiser Augustus den Frieden im Römischen Reich wieder her (Pax Augusta). Dieser Frieden führte zu einem kulturellen Aufschwung im Land, der sogenannten Augusteischen Klassik. Viele Dichter und Künstler feierten diese Ära als das „Goldene Zeitalter". In diese Friedenszeit hinein wurde Ovid geboren, die vorausgegangenen Bürgerkriege und die damit verbundenen Entbehrungen kannte er nicht. Wenn auch niemand zu Herrscherlob gezwungen wurde, zeigten doch viele ältere Dichter, wie z.B. Horaz und Vergil, ihrem Kaiser Dankbarkeit, indem sie ihm Werke und Gedichte widmeten.

Mythologie – Was ist das?

Walter Crane: Die Rosse des Neptun. Neue Pinakothek. München. 1892.

Woher stammt der Mensch? Wohin geht er nach seinem Tod? Wie hängt menschliches Dasein mit der Welt der Götter zusammen? Wieso gibt es dieses oder jenes Tier, wie kamen Gebirge, Flüsse und Pflanzen zu ihren Namen, wozu sind Mond, Sonne und Sterne da?
Antworten auf diese Fragen zu ihrem Selbst- und Weltverständnis suchten die Menschen in der Antike mittels Philosophie sowie Mythologie. Im Mythos war aber auch immer die Religion zu Hause. Mythen sind also religiös gefärbte Darstellungen von Natur- und Weltvorgängen, verknüpft mit menschlichem Handeln.

Für die Römer waren die göttliche und menschliche Welt untrennbar verbunden, sie glaubten ihre Götter als überall real existent und erfahrbar (numen). Die Römer waren pragmatische Menschen. Um Verbindung zwischen sich und dem Wirken ihrer großen und kleinen Götter herzustellen, erfüllten die Römer ihre kultischen und rituellen Verpflichtungen (cultus) stets mit höchster Aufmerksamkeit (pietas). Ihr Glaube gründete auf dem Prinzip Do, ut des - „Ich gebe, damit du gibst." So fühlte sich der Einzelne, aber auch der römische Staat in seiner Gesamtheit mit der Welt der Götter eng verbunden. Der Kultpraxis zur Wahrung der pax deorum kam besonders mit Beginn der Kaiserzeit wieder verstärkte Bedeutung zu, da sie als Eckpfeiler gesehen wurde, die staatliche Ordnung aufrecht zu erhalten.

Das Wort Mythos selbst stammt aus dem Griechischen und heißt so viel wie „Erzählung", „Rede" oder veraltet auch „sagenhafte Welt". Heutzutage wird es umgangssprachlich auch im Sinne von „falsche Vorstellung" oder „Lüge" verwendet. Meistens denken Menschen beim Hören des Wortes Mythos an Frauen und Männer, die zum Mythos wurden wie Cäsar oder Lady Di. Alle diese Persönlichkeiten umgibt eine Aura des „Unsterblichen", die mit unserem Verstand nur unzureichend erklärbar ist. Seinen Erfolg verdankt der antike Mythos seiner Beschäftigung mit Fragen der Weltdeutung und der menschlichen Existenz. Für die Menschen der Antike stellten diese Geschichten aber auch eine wichtige Form der Unterhaltung dar. Du wirst im Laufe der Lektüre merken, dass die Menschen offenbar auch damals schon Freude an tragischen, lustigen, dramatischen oder auch gruseligen Darstellungen hatten.

Die Himmelsscheibe von Nebra. ca. 1600 v. Chr.

Die Götterwelt

Gottheit	Verehrung / Kult	Benehmen bei Ovid
Venus		
Pluto		
Apoll	**Gott des Lichts, der Künste, der Weissagung und der Heilkunst** Augustus betrachtete Apoll als seinen persönlichen Schutzgott und errichtete ihm nicht nur einen Tempel, sondern neben seiner domus auf dem Palatin auch eine große Statue.	
Juno		

I1 Du siehst hier Göttinnen und Götter abgebildet, die in Ovids „Metamorphosen" Erwähnung finden. Für Apoll findest du bereits Informationen, warum und wie der Gott zur Zeit des Kaisers Augustus verehrt wurde.

a) Recherchiere die Aufgabenbereiche und Kultpraxis zu den anderen Gottheiten und vervollständige die Übersicht.

b) Achte bei der Lektüre auf das Benehmen der Göttinnen und Götter, wie es sich in den Erzählungen Ovids darstellt, und trage deine Beobachtungen nach und nach in die Tabelle ein. Du wirst deine Ergebnisse zum Ende der Lektüre noch einmal benötigen.

Metamorphose

I1 Betrachte das Bild sehr genau, beschreibe es und erläutere den Titel.

I2 a) Definiere anhand deiner Bildbeschreibung den Begriff „Metamorphose".

b) Schlage den Begriff nach und vergleiche.

c) Nenne Beispiele für Metamorphosen.

Der Mythos lebt weiter!

Die Mythen, die Ovid in seinen Metamorphosen schildert, wurden seit der Antike immer wieder von Künstlern unterschiedlicher Kunstrichtungen aufgegriffen und weiterverarbeitet (lat. recipere – auf-/übernehmen). Die Deutung solcher Rezeptionsdokumente kann uns ganz neue Blicke auf Ovids Texte eröffnen, denn sie führen Gedankengänge fort, akzentuieren anders und helfen, uns tiefer und persönlicher mit den aufgeworfenen Fragen auseinanderzusetzen.

Strategien beim Umgang mit Rezeptionsdokumenten

1. Spontan wahrnehmen und beschreiben: Was sehe ich?
   - Bild genau beschreiben, Skulptur abtasten, im Werk verweilen, Figuren und Situationen identifizieren
2. Formensprache erkennen und deuten: Wie ist ein Werk (auf)gebaut?
   - Bildliche Darstellung auf Komposition, Licht- und Größenverhältnisse, Anordnung der Figuren und ihre Blickrichtungen untersuchen, Farbgestaltung beachten
   - Musik auf Verhältnis von Inhalt und Klang analysieren
   - Film nach Szenenauswahl und Kameraführung untersuchen
3. Bezüge zwischen antikem Text und dem Rezeptionsdokument aufzeigen:
   - Welche Aspekte aus dem ovidischen Text finde ich wieder?
   - Was ist ähnlich dargestellt, was anders oder gar nicht? Welche Wirkung entsteht dadurch?
   - Perspektivwechsel der/des Künstlerin/Künstlers? Rückbezug auf den antiken Text: Worauf legt Ovid seinen Schwerpunkt?

Text 1 Proömium

T1 Das Wort „Proömium" bedeutet „Vorwort". Suche ein Buch, in dem es ein Vorwort gibt. Worüber liefert das Vorwort Informationen? Notiere einige Stichwörter.

In nova fert animus mutatas dicere formas	In neue __________ verwandelte __________ zu besingen, dazu ruft mein Geist mich auf;
corpora; di, coeptis - nam vos mutastis et illas -	Ihr __________, - denn ihr habt jene verwandelt -
adspirate meis primaque ab origine mundi	begünstigt mein Vorhaben und begleitet vom ersten Ursprung der Welt
ad mea perpetuum deducite tempora carmen!	das __________ Lied bis zu __________ __________!

I1 Hier siehst du die Verse bereits skandiert. Klatsche zunächst nur den Rhythmus, sprich erst danach den Text dazu. Beachte dabei die Sprechpausen (‖).

– ∪ ∪ | – ∪ ∪ | – ‖ – | – – | – ∪ ∪ | – –
In no va fert a ni mus mu ta tas di ce re for mas

– ∪ ∪ | – – | – ‖ – | – – | – ∪ ∪ | – –
cor po ra; di, coep tis – nam vos mu ta stis et il las –

– – | – ∪ ∪ | – ‖ – | – ∪ ∪ | – ∪ ∪ | – ∪
a spi ra te me is pri ma qu(e) ab o ri gi ne mun di

– ∪ ∪ | – ∪ ∪ | – ‖ – | – ∪ ∪ | – ∪ ∪ | – ∪
ad me a per pe tu um de du ci te tem po ra car men!

Orpheus mit Lyra. 3. Jh.

Dichtung ist Musik

In der Antike wurden Texte laut vorgetragen, oft mit der Lyra begleitet. Dichtung unterscheidet sich von der Prosa durch einen festgelegten Rhythmus. Im daktylischen Hexameter hat jeder Vers sechs Versfüße (Takte). Statt Noten schreibt man Querstriche – (halbe Note) und ∪ (Viertelnote). Betont ist jeweils die erste Silbe im Versfuß.

Wie beim Spielen eines Blasinstruments gibt es Pausen nach dem 3., 5. oder 7. Halbversfuß (Trithemimeres, Penthemimeres, Hephthemimeres).
Grundmuster des Hexameter: Jedes Zeichen entspricht einer Silbe. Dichter setzen die Variationen von Daktylen und Spondeen und auch Pausen ‖ bewusst ein, um den Textinhalt zu unterstreichen.

Spondeus

Daktylus

– ∪ ∪ | – ∪ ∪ | – ∪ ∪ | – ∪ ∪ | – ∪ ∪ | – ∪

T2 Erschließe den Textinhalt, indem du in der Übersetzung die fehlenden Begriffe mithilfe eines Wörterbuchs ergänzt.

Ü1 Lateinische Dichtung ist gekennzeichnet durch das Versmaß und eine relativ freie Wortstellung. Häufig verwendet der Dichter bewusst das Hyperbaton. Versanfang und Versende sind z.B. besonders betont.

a) Verbinde zusammengehörige Wörter (achte dabei auf den Text). Markiere die Hyperbata danach in jeweils gleichen Farben im Text.

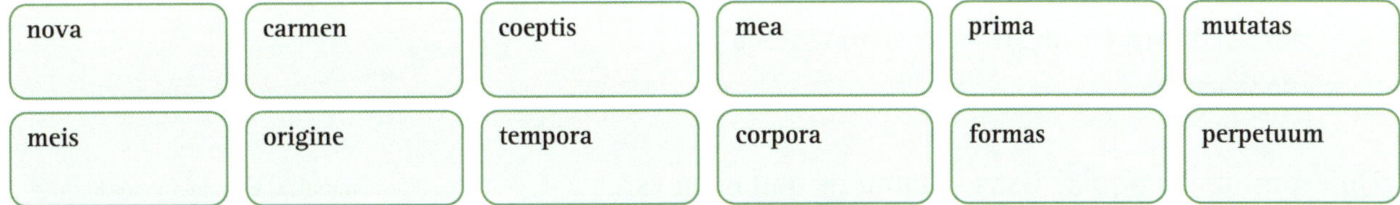

b) Setze im Text einen Kasten um nova und sein Bezugswort. Erkläre die Wirkung der Wortstellung.

c) Vergleiche die farbig markierten Hyperbata mit dem Bild „Metamorphosis 1" von Escher (→ S. 7). Erläutere deine Beobachtungen.

I2 Das Programm des Dichters

a) Welches Programm stellt Ovid für sein Werk in der Einleitung auf? Schreibe die Programmpunkte – auf Lateinisch – heraus und erkläre sie.

1.

2.

3.

b) Vergleiche mit modernen Vorworten (→ T 1). Erläutere, was für Ovid wichtiger zu sein scheint als für Autoren der Gegenwart.

I3 Proömium 2030

Anrufe an einen Beistand findet man in allen Kulturen. Stell dir vor, du sitzt in einer Klausur und hast gerade einen ziemlichen Durchhänger. Wen würdest du in Gedanken als deinen Beistand anrufen? Formuliere im Stile Ovids.

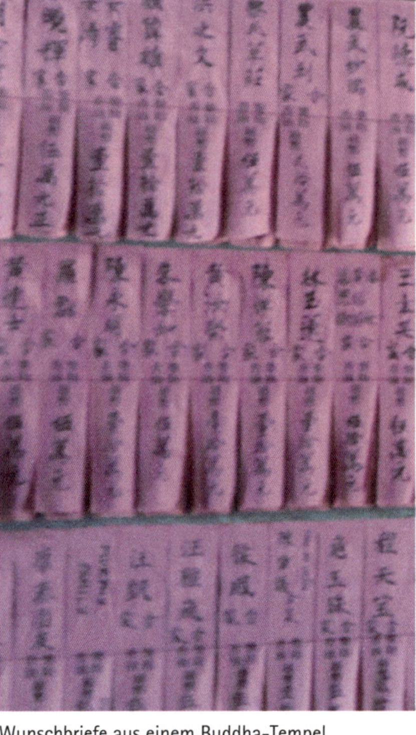

Wunschbriefe aus einem Buddha-Tempel in Vietnam.

Text 2 Latona und die lykischen Bauern I

Jupiter hatte ein Verhältnis mit der Göttin Latona. Schwanger flüchtete diese aus Angst vor dem Hass seiner Ehefrau Juno auf die Insel Delos, wo sie ihre Zwillinge Diana und Apoll zur Welt brachte. Wenig später gelangte Latona mit ihren Kindern auf der Flucht an einen See, um ihren Durst zu stillen. Als die dort arbeitenden Bauern ihr den Wunsch verwehrten, sprach die Göttin sie an.

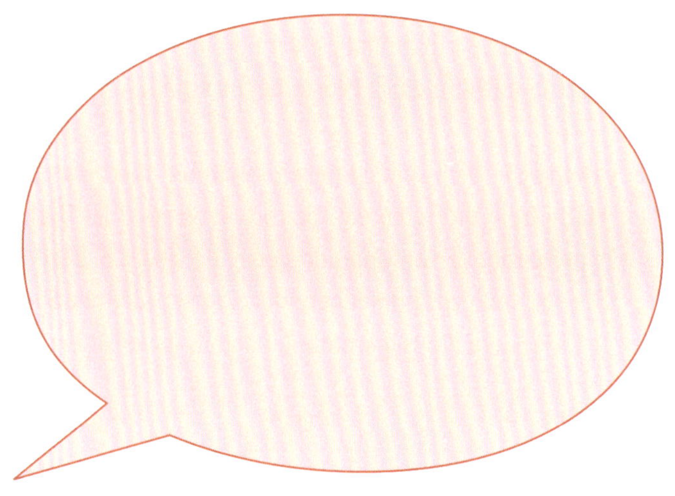

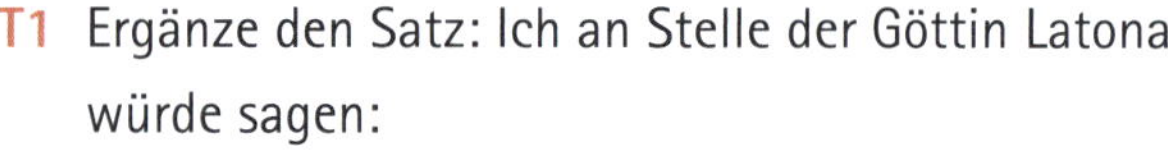

T1 Ergänze den Satz: Ich an Stelle der Göttin Latona würde sagen:

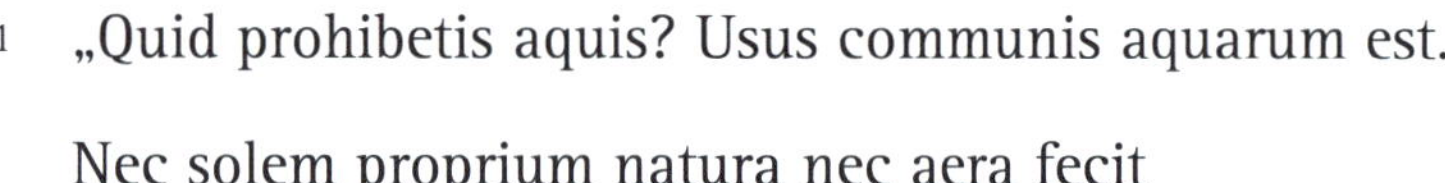

„Quid prohibetis aquis? Usus communis aquarum est.
Nec solem proprium natura nec aera fecit
nec tenues undas: ad publica munera veni.
Quae tamen ut detis, supplex peto. Non ego nostros
abluere hic artus lassataque membra parabam,
sed relevare sitim. Caret os umore loquentis
et fauces arent vixque est via vocis in illis.
Haustus aquae mihi nectar erit vitamque fatebor
accepisse simul: vitam dederitis in unda.
Hi quoque vos moveant, qui nostro bracchia tendunt
parva sinu." Et casu tendebant bracchia nati.
Quem non blanda deae potuissent verba movere?
Hi tamen orantem perstant prohibere minasque,
(ni) procul abscedat, conviciaque insuper addunt.
Nec satis est: ipsos etiam pedibusque manuque
turbavere lacus imoque e gurgite mollem
huc illuc limum saltu movere maligno. ...

communis, e gemeinsames Recht • Usus ... est *ordne:* Usus aquarum communis est • proprium facere zum Privateigentum machen • tenues undae frisches Wasser • publica munera ein Geschenk, das allen gehört • Quae tamen ... peto *ordne:* Ut haec munera (mihi) tamen detis, supplex peto • nostros = meos • abluere 🕮 • hic hier • artus, us *m* 🕮 • lassatus ermüdet • membra *(n Pl.)* Körper • sitim relevare den Durst stillen • umor, oris *m* Feuchtigkeit, Flüssigkeit • fauces, faucium *f* Kehle • arere 🕮 • illis *ergänze* faucibus • haustus, us *m* 🕮 • nectar, aris *n* Göttertrank • fateri zugeben, eingestehen • dederitis = dabitis • in unda mit dem Wasser • nostro = meo • sinus, us *m* Brust • nati = liberi • blandus gewinnend • perstare dabeibleiben • minae 🕮 • ni *(m. Konj.)* für den Fall, dass ... nicht • abscedere verschwinden, „abhauen" • convicium 🕮 • insuper obendrein • satis genug • turbare = turbaverunt • imus der unterste • gurges, itis *m* Tiefe des Wassers • limus mollis weicher Schlamm • movere = moverunt • saltus malignus böswilliges Springen • huc illuc hierhin und dorthin

T2 Textrekonstruktion V. 1-11:

Lies die V. 1-11 sorgfältig, ruhig mehrmals. Belege mit lateinischen Textzitaten, was die Göttin Latona den Bauern zu sagen hat, und bringe die Aussagen in die richtige Reihenfolge.

( ) Latona will nicht baden, sie ist physisch am Ende und braucht das Wasser, um zu überleben.

( ) Die Göttin macht sich klein, sie fleht darum, trinken zu dürfen.

( ) Latona versucht mit Hinweis auf ihre Kinder die Bauern zum Nachgeben zu bewegen.

( ) Die Göttin verweist auf die Teilhabe am Wasser als ihr ganz natürliches Recht.

William Henry Rinehart:
Latona und ihre Kinder, Apollo und Diana.
The Metropolitan Museum of Art. New York. 1870.

Ü1 Bedeutungsnuancen

Ermittle mithilfe des Wörterbuchs die unterschiedlichen Bedeutungen für „Wasser". Erkläre, warum Ovid so viele verschiedene Ausdrücke verwendet.

unda ______

aqua – Aquarium ______

lacus – lake ______

gurges – Gurgel ______

haustus ______

umor – humides Klima ______

stagnum – stagnieren ______

palus ______

nectar ______

liquor – Likör, liquide ______

I1 Latonas Rede

a) Latona wendet sich in einer Rede an die Bauern mit der Bitte um Wasser. Analysiere die Argumentationsstrategie der Göttin.

b) Charakterisiere das Auftreten der Göttin mit einem Adjektiv.

Text 3 Latona und die lykischen Bauern II

T1 Beschreibe das Bild des italienischen Künstlers Franceschini. Erschließe nachfolgend die Worte der Göttin. Formuliere deine Erwartungen an einen möglichen weiteren Handlungsverlauf.

Aeternum stagno vivatis in isto!

Marcantonio Franceschini: Latona und die lykischen Bauern. Vaduz. 1692–98.

„Aeternum stagno“ dixit „vivatis in isto.“
Eveniunt optata deae: iuvat esse sub undis
et modo tota cava submergere membra palude,
nunc proferre caput, summo modo gurgite nare,
saepe super ripam stagni consistere, saepe
in gelidos resilire lacus. Sed nunc quoque turpes
litibus exercent linguas pulsoque pudore,
quamvis sint sub aqua, sub aqua maledicere temptant.
Vox quoque iam rauca est inflataque colla tumescunt
ipsaque dilatant patulos convicia rictus.
Terga caput tangunt, colla intercepta videntur,
spina viret, venter, pars maxima corporis, albet
limosoque novae saliunt in gurgite ranae.

aeternum *Adv.* für immer • stagnum Teich, Tümpel • evenire in Erfüllung gehen • iuvat es macht *(den Bauern)* Spaß • cava palude im seichten Wasser des sumpfigen Tümpels • submergere • proferre aus dem Wasser strecken • summo gurgite nare an der Wasseroberfläche des Sees schwimmen • super oben an, am • lacus, us *m* Teich, See • turpes litibus exercere linguas hässliche Streitreden austragen • pulso pudore ohne Scheu • inflatus aufgeblasen • tumescere anschwellen • dilatare vergrößern • patulus breit • convicium Geschimpfe • rictus, us *m* • interceptus ausgespart • spina Rückgrat • virere grün sein • venter, tris *m* • limosus schlammig • gurges, itis *m* Wasser • rana

T2 Handlungsschlange

a) Trage die Verbalinformationen (V. 20–26), die das neue Verhalten der Bauern belegen, zusammen mit den gliedernden Konnektoren in die „Handlungsschlange" ein.

b) Unterstreiche in den V. 27–31 die Körperteile (Subjekte) und ihr Aussehen (Prädikate).

c) Paraphrasiere den Text, übersetze abschließend detailliert. Wende dabei die Übersetzungsmethodik aus dem Infokasten an.

Verse übersetzen leicht(er) gemacht – Markieren als Schlüssel zum Erfolg

I. Grobstruktur überblicken:

1. Prädikate unterstreichen.
2. Satzreihe oder Satzgefüge? Satzgefüge: Einkreisen der Konjunktion, der Subjunktion oder des Relativpronomens (dann Pfeil zum Bezugswort). Satzreihen sind oft durch angehängtes -que verbunden.

II. Feinstruktur ermitteln:

1. Subjekt (oft Wortblock mit Adjektivattribut, Genitivattribut oder Apposition!) unterstreichen
2. Objekt/e (Akkusativ- und Dativobjekt meist auch als Wortblock!) identifizieren
3. Hyperbata farbig markieren. Achtung: In der Dichtung stehen Wortblöcke – insbesondere Substantiv und Adjektivattribut in KNG-Kongruenz – häufig getrennt voneinander, gelegentlich sogar über die Versgrenze hinaus.
4. angehängtes -que: Dies kannst du durch ein vorgestelltes (!) „et" ersetzen! inflata-que = et inflata

III. Anwendungsbeispiel aus dem Text (V. 10–11a):

Hi quoque vos moveant, qui nostro bracchia tendunt parva sinu.

Ü1 Sachfeld Körper: Ergänze begleitend zur Lektüre jedes Textes das Sachfeld „Körper" (→ S. 44).

Ü2 Adverbiale – Hyperbaton

Ergänze die folgenden Adverbialen unter Beachtung des Textes und KNG und stelle sie zeichnerisch dar:

publica, illis, limoso, cava, gelidos, nostro, isto, summo

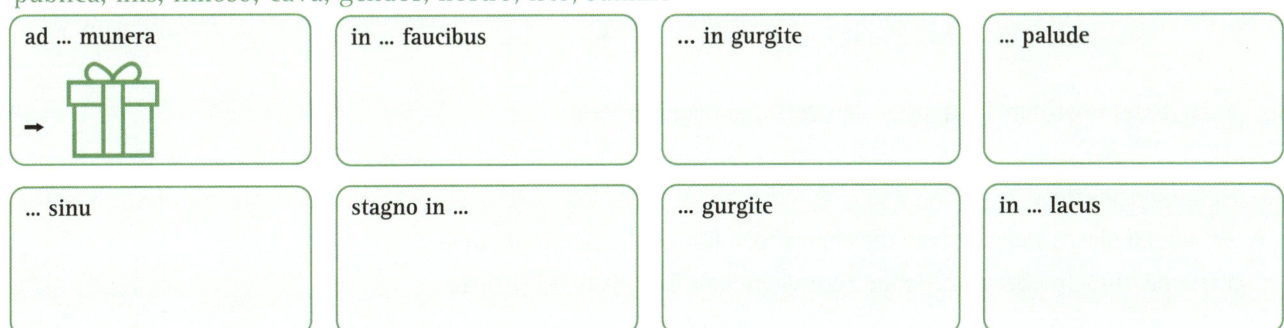

Ü3 Konjunktiv im Hauptsatz

Wiederhole die Konjunktivverwendung und verbinde. Berücksichtige deine Zuordnung bei der Wahl einer Übersetzung.

Iussivus (Befehl)	Potentialis (Möglichkeit)	Optativus (Wunsch)	Adhortativus (Aufforderung)	Deliberativus (Überlegung)

Hi quoque vos moveant! Vivatis! Quem non blanda deae potuissent verba movere!

I1 Optata deae

a) Nenne die Textstelle, an der die eigentliche Verwandlung geschieht.

b) Stelle Ovids Schilderung als Bildergeschichte dar.

c) Stelle Gründe, die Ovid für die Verwandlung der Bauern nennt, zusammen.

d) Ordne zu, mit welchen rhetorischen Gestaltungsmitteln die Metamorphose dargestellt wird. Benenne bei zweien ihre Wirkungsabsicht.

V. 20ff.: ... esse ... submergere ..., ... proferre ..., ... nare, ... consistere, ... resilire

V. 23f.: saepe super ripam stagni consistere, saepe in gelidos resilire lacus

V. 26: quamvis sint sub aqua, sub aqua maledicere temptant

V. 29f.: Terga caput tangunt, colla intercepta videntur, spina viret, venter, pars maxima corporis, albet

Variatio
Asyndeton
Alliteration
Enumeratio
Trikolon
Lautmalerei
Anapher
Parallelismus

e) V. 26 ist sehr berühmt! Skandiere den Vers und begründe.

I2 Neue Perspektiven

Am Abend dieses Tages hocken die ehemaligen Bauern im Schilf beisammen und grübeln über das Erlebte. Formuliere ihre Gedanken schriftlich.

I3 Ovid und die Götter

a) Du hast am Anfang (→ S. 10, T1) überlegt, wie du in der Rolle der Göttin Latona auftreten würdest. Untersuche nun das tatsächliche Verhalten der Göttin Latona in Text 2 und Text 3 und trage die Beobachtungen mit Textbelegen in die Tabelle ein. Beziehe dabei auch I1 zu Text 2 mit ein.

b) Analysiere die Beziehung zwischen Menschen und Göttern, die Ovid hier beschreibt. Trage deine Beobachtungen in die Sammelfolie „Mutatae Formae" ein.

	Verhalten der Latona	Gründe für das Verhalten	Beziehung Menschen – Göttin
Text 2 – die Rede der Latona			
Text 3 – die Reaktion			

I4 Ovid aktuell

a) Betrachte die Bilder, decke Berührungsmomente zwischen ihnen und den „Lykischen Bauern" auf. Welches zutiefst menschliche Problem greift der Mythos auf?

b) Entwirf ein Gegenbild in Form einer Collage.

I5 Die Rezeption der Metamorphose

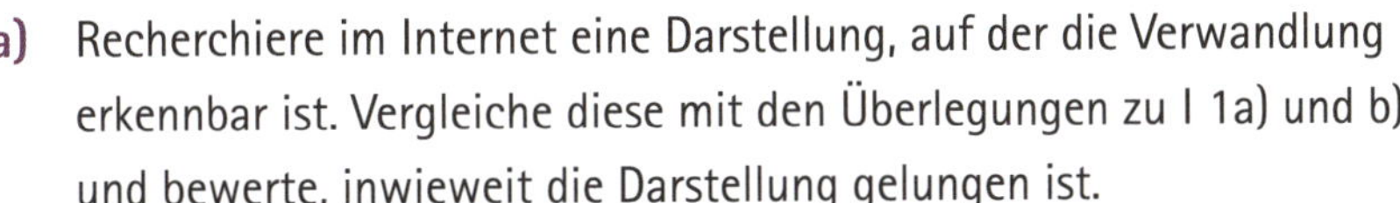

a) Recherchiere im Internet eine Darstellung, auf der die Verwandlung erkennbar ist. Vergleiche diese mit den Überlegungen zu I 1a) und b) und bewerte, inwieweit die Darstellung gelungen ist.

b) Auch du bist „Rezipient" der Metamorphose. Bearbeite die Aufgabe der Sammelfolie „Quid ad me?".

Text 4 Die Nymphe Echo

Echo verhinderte durch ihr Geschwätz, dass Juno ihren Ehemann Jupiter beim Ehebruch erwischte. Juno bestrafte sie: Echo konnte jetzt nur noch die letzten Worte einer Rede wiederholen.
Im Wald streifte häufig der sehr gut aussehende sechzehnjährige Narcissus umher.

Ergo ubi Narcissum per devia rura vagantem
vidit et incaluit, sequitur vestigia furtim
quoque magis sequitur, flamma propiore calescit,
non aliter, quam cum summis circumlita taedis
admotas rapiunt vivacia sulphura flammas.
Da verliert Narcissus seine Jagdgefährten aus den Augen:
„Huc coeamus!" ait nullique libentius umquam
responsura sono __________ rettulit Echo
et verbis favet ipsa suis egressaque silva
ibat, ut iniceret sperato bracchia collo.
Ille fugit fugiensque __________
__________ ait __________________
Rettulit illa nihil nisi __________________.
Spreta latet silvis pudibundaque frondibus ora
protegit et solis ex illo vivit in antris;
sed tamen haeret amor crescitque dolore repulsae:
et tenuant vigiles corpus miserabile curae
adducitque cutem macies et in aera sucus
corporis omnis abit; vox tantum atque ossa supersunt:
vox manet, ossa ferunt lapidis traxisse figuram.
Inde latet silvis nulloque in monte videtur,
omnibus auditur: sonus est, qui vivit in illa.

vidit *ergänze* Echo • devius abgelegen, entlegen • incalescere in Liebe entbrennen • vestigium Spur • furtim *Adv.* heimlich • quoque und je mehr • non aliter, quam cum … flammas nicht anders, als der leicht entflammbare - um die Fackelspitzen gestrichene - Schwefel die bewegten Flammen entfacht. • huc hier • coire zusammenkommen • nulli *Dat. Sg.* • libentius *Adv.* lieber • responsura … Echo (PFA s. Ü2) • sonus Klang, Wortklang • emori = mori • esse alicui copia alicuius sich mit jemandem einlassen • nostri = mei • complexus, us *m* Umarmung •
emoriar, quam sit tibi copia nostri! • manus complexibus aufer! • coeamus! • ante • sit tibi copia nostri! •
auferre wegnehmen • manus complexibus aufer *ordne:* aufer manus (tuas) e complexibus (colli mei)! • ante = antea • favere verbis den Worten freudig zustimmen • egressa silva nach Verlassen des Waldes • bracchia inicere collo die Arme um den Hals legen • speratus erhofft, ersehnt • spreta *ergänze* Echo • spernere (sperno, sprevi, spretum) verschmähen • frons, frondis *f* 🕮 • pudibundus verschämt, schändlich • antrum Höhle • ex illo *ergänze* tempore • haerere hängenbleiben • repulsa Abweisung • vigil, is *(eigentl. wach)* nagend, quälend • tenuare schwächen, verzehren • adducere schrumpfen lassen • cutis, is *f* 🕮 • macies, ei *f* 🕮 • sucus (Lebens-)Saft • os, ossis *n* 🕮 • ferunt *m. AcI* man erzählt sich • figuram trahere Gestalt annehmen • lapis, lapidis *f* 🕮 • latere verborgen, versteckt sein • omnibus *ergänze* in montibus *oder lies* ab omnibus

T1 V. 1–5

Lies dir die Verse 1–5 mehrmals (möglichst laut) durch. Ordne den beiden Hauptakteuren lateinische Textaussagen zu und gestalte das Bild im Sinne des Textes aus.

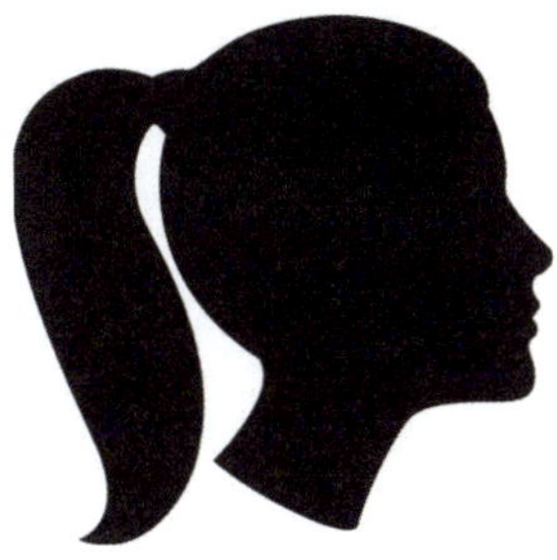

Echo

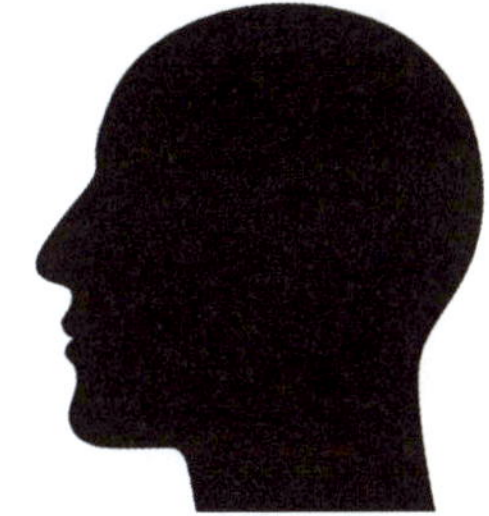

Narcissus

T2 V. 7–12 Echos Handicap: Welch ein Stimmengewirr!

Im Wald klingt alles durcheinander. Ordne die wörtliche Rede aus dem Kommentarrand der V. 7–12 an die richtigen Stellen ein und begründe die Anordnung mündlich.

T3 V. 13–21 Das Ende

a) Lies nun die Verse 13–21. Achte dabei darauf, welche Auswirkungen die Begegnung mit Narcissus auf Echo hat. Ordne dafür Formulierungen aus dem Text zu.

b) Betrachte die Verben und ihre Bedeutung (Semantik). Erläutere die Entwicklung.

c) Zeichne oder beschreibe den Zustand, in dem sich Echo am Ende befindet.

Ü1 Wortschatzarbeit - Denken statt Lernen

Führe die folgenden Lehnwörter auf ihren lateinischen Ursprung zurück.

Lehnwort	Lateinische Vokabel	Bedeutung	Lehnwort	Lateinische Vokabel	Bedeutung
Sound			Favorit		
Sequenz			latent		
Collier			Nihilist		

Ü2 Partizipien erkennen und Partizipialkonstruktionen erschließen

Die Metamorphose enthält zahlreiche Partizipialkonstruktionen. Unterstreiche zuerst das Partizip und das Bezugswort - dies kann im Prädikat versteckt sein! Übersetze jeden Teil für sich, füge dann die deutschen Teilsätze sinnvoll zusammen.

Ergo ubi Narcissum | per devia rura vagantem | vidit et incaluit, ... (GZ) (wg. PPA)

______, ..., ______

responsura sono „coeamus!“ rettulit Echo ( ) ______

et verbis favet ipsa suis egressaque silva ibat ( ) ______

Ille fugit fugiensque ait ... ( ) ______

I1 Narcissus und Echo

Rufe dir die Phasen der Begegnung zwischen Echo und Narcissus in Erinnerung und erkläre, woran die „Beziehung“ scheitert.

I2 Echos Kummer

a) Erläutere die einzelnen Stadien der Metamorphose der Echo. Beziehe dabei den Einleitungstext und den Informationskasten mit ein.

Nymphen
Als Nymphen bezeichnet man in der griechischen und römischen Mythologie junge weibliche Gottheiten von schöner, anmutiger Gestalt. Sie verkörpern unterschiedliche Naturkräfte und halten sich zumeist in Gewässern, auf Bergen und in Wäldern auf. Nymphen schweifen gerne in Gruppen umher, sie tanzen, lachen, singen, feiern und leben stets vergnügt.

b) Stell dir vor, du selbst hättest Echo in ihrem Kummer etwas sagen können. Formuliere im Wortlaut.

13 Echo in der Kunst

Vergleiche den Echo-Mythos mit dem künstlerischen Werk von Katja Hammerle (Narziss und Echo). Was ist ähnlich, was völlig anders? Beziehe zum Kunstwerk Stellung.

14 Mythos als Welterklärung

a) Zeige am Beispiel der Echo, inwiefern ein Mythos die Welt erklärt. Beziehe die Informationen aus dem Kasten mit ein.

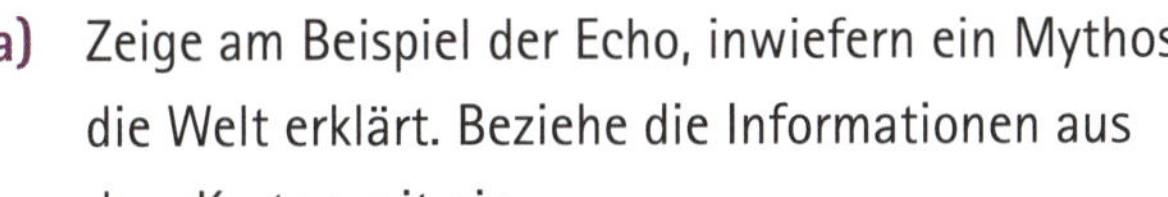

b) Recherchiere das weitere Schicksal des Narcissus. Vergleiche es mit Echos Ende.

Aitiologie
bezeichnet z.B. in der Mythologie eine Erzählung, in der gegenwärtige Gegebenheiten durch Vorgänge in der Vergangenheit erklärt oder begründet werden. Dabei kann es sich um ein kulturelles Ereignis, einen Brauch, eine Naturerscheinung, eine Steinformation oder den Namen eines Gewässers, Berges oder heiligen Ortes handeln. Die wechselnde Farbe der Maulbeeren z.B. wird im Mythos von Pyramus und Thisbe durch ein tragisches Unglück erklärt.

Katja Hammerle: Echo 3. aus der Arbeit Narziss und Echo. 2007.

Text 5 Apoll und Daphne

Apoll provozierte den Liebesgott Cupido, indem er diesem die Fähigkeit, mit Pfeil und Bogen umgehen zu können, absprach. Cupido war daraufhin so zornig, dass er zwei Pfeile abschoss, die genau gegensätzliche Wirkung hatten: Der eine erweckte die Liebe, der andere vertrieb sie. Der Liebe erweckende Pfeil traf Phoebus Apoll, der Liebe vertreibende Daphne, die schöne Tochter des Flussgottes Peneus. Sie hatte sich schon zuvor entschieden, ihr Leben ohne einen Partner zu führen. Phoebus Apoll verliebte sich nun auf der Stelle in Daphne und umwarb sie. Diese jedoch wollte nichts von ihm wissen und rannte ihm durch die Wälder davon. Apoll ließ aber nicht locker und verfolgte sie ...

Qui tamen insequitur, pennis adiutus Amoris
ocior est requiemque negat tergoque fugacis
imminet et crinem sparsum cervicibus adflat.
Viribus absumptis expalluit illa citaeque
victa labore fugae spectans Peneidas undas
„Fer, pater“ inquit „opem! Si flumina numen habetis,
qua nimium placui, mutando perde figuram!“

Vix prece finita torpor gravis occupat artus,
mollia cinguntur tenui praecordia libro,
in frondem crines, in ramos bracchia crescunt,
pes modo tam velox pigris radicibus haeret,
ora cacumen obit: remanet nitor unus in illa.
Hanc quoque Phoebus amat positaque in stipite dextra
sentit adhuc trepidare novo sub cortice pectus
complexusque suis ramos ut membra lacertis
oscula dat ligno; refugit tamen oscula lignum.
Cui deus „At, quoniam coniunx mea non potes esse,
arbor eris certe“ dixit „mea! ...“

qui *(gemeint ist Apoll)* = dieser • ocior, ius *(Komparativ)* schneller • tergo fugacis imminere der Fliehenden im Nacken sitzen • crinem sparsum cervicibus das Haar, das im Nacken flattert • spargere (spargo, sparsi, sparsum) *hier:* ausbreiten, flattern • adflare anhauchen • absumere (-sumo, -sumpsi, -sumptum) verbrauchen, verzehren • expallescere (-pallesco, -pallui) erbleichen, ganz blass werden • illa = Daphne • citus schnell • Peneidas undas *Akk. Pl.* das Wasser des Peneus • numen, inis *n* (göttl.) Macht • qua ... figuram *ordne:* mutando perde figuram, qua nimium placui, mutando! • nimium allzu sehr • torpor, oris *m* Erstarrung, Lähmung • artus, us *m* Körperglied • cingere umgeben, ummanteln • praecordia = pectus • liber, libri Rinde • frons, ndis *f* Laub • ramus 📖 • modo eben erst, eben noch • haerere hängenbleiben • cacumen Baumspitze • ora *n Pl.* → os Gesicht • obire (-eo, -ii) *hier:* einnehmen • nitor, oris *m* Glanz • stipes, itis *m* (Baum-)Stamm • trepidare zittern • complecti (-plector, -plexus sum) umarmen • cortex, icis *m* Rinde • ut wie • lacertus Arm • osculum Kuss • lignum 📖 • refugere (-fugio, -fugi *m. Akk.*) fliehen (vor), zurückweichen (vor) • quoniam weil

T1 a) Beschreibe zunächst das Bild. Lies dann den lateinischen Text V. 1-3. Ordne dem Bild lateinische Textzitate zu.

Francesco Albani: Apollo und Daphne. Louvre, Paris. 1615-1620.

b) Versetze dich in die Situation von Daphne. Was geht dir durch den Kopf?

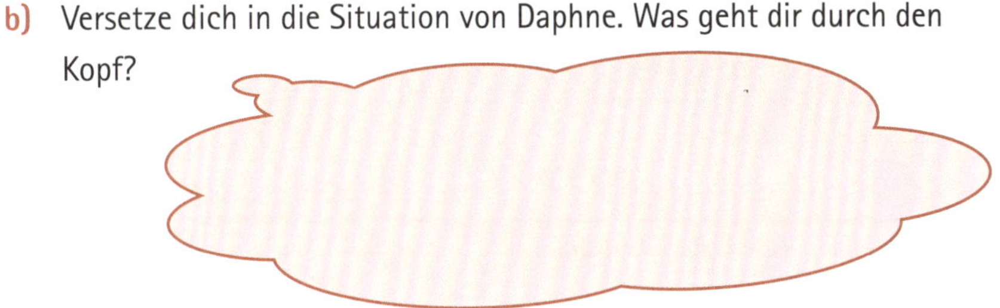

c) Lies nun die Verse 4–7 (möglichst laut). Wie fühlt sich Daphne tatsächlich und wie verhält sie sich? Markiere wichtige Informationen und erläutere deine Beobachtungen.

T2 V. 8–18

Lies nun den restlichen Text (V. 8–18). Achte darauf, wie dieser aufgebaut ist, welche Personen vorkommen (beachte auch die Personalendungen) und mit welchen Sachfeldern sie verbunden sind. Markiere die Sachfelder in unterschiedlichen Farben.

Person: ______________________ Person: ______________________

Sachfeld: ______________________ Sachfeld: ______________________

Ü1 Ablativ – Die Kunst, die richtige Frage zu finden

Unterstreiche den Ablativ, ordne die Wendungen den Bildern zu und übersetze sie. Ein Feld bleibt leer!

Ablativus instrumentalis Womit? Wodurch? Wie? Warum?	Ablativus separativus: Wovon? Woher?	Ablativus loci | temporis: Wo? Wann?

Phoebus pennis adiutus – Daphne victa labore – figura, qua placui – mutando perde figuram! –

cinguntur tenui libro – pes pigris radicibus haeret – in illa – in stipite – novo sub cortice

Ü2 Partizipien ns, -ntis ➜ PPA-tus, a, um; -sus, a, um ➜ PPP

Kreuze an, ob es sich um ein Partizip Präsens Aktiv (PPA), ein Partizip Perfekt Passiv (PPP) oder um ein Partizip Perfekt eines Deponens (PP) handelt. Gib jeweils den Infinitiv an:

	PPA	PPP	PP	Infinitiv		PPA	PPP	PP	Infinitiv
absumptis					spectans				
victa					finita				
complexus					posita				

Ü3: Pc und Abl. abs.

a) Pc: Unterstreiche das Partizip und das Bezugswort und finde eine geeignete Übersetzung.

illa undas spectans inquit ______________________

____

phoebus suis lacertis ramos complexus Daphnae oscula dat ______________________

____

____

b) Abl. abs.: Unterstreiche ebenfalls Partizip und Bezugswort. Setze eine eckige Klammer um den Abl. abs., finde eine geeignete Übersetzung.

vix prece finita topor occupat artus ______________________

____

____

Apollo posita in stipite dextra sentit petus trepidare ______________________

____

Sammelfolie: Mutatae Formae

Fülle die Schriftrolle nach der Lektüre jeder Metamorphose.

	Ausgangsgestalt – Zielgestalt Was ändert sich, was bleibt?	Ablauf der Metamorphose	Bedeutung der Metamorphose (Rettung? Strafe? ...)	Rolle und Beneh-men der Götter
Latona und die lykischen Bauern				
Die Nymphe Echo				
Apoll und Daphne				
Daedalus und Ikarus				
Pygmalion				
Orpheus				

Was löst die jeweilige Metamorphose bei DIR aus?

Stelle während oder nach der Lektüre Überlegungen an:

- Was fasziniert dich an der Geschichte?
- Was stößt dich ab?
- Was wundert dich an dem Verhalten der Personen und Götter?
- Mit welcher der Personen kannst du dich identifizieren?
- Welche Szene hat dir am besten gefallen und warum?
- Welcher Vers hat dich aufgrund seiner sprachlichen Gestaltung besonders fasziniert?
- Welche Fragen sind für dich auch nach der Lektüre noch offen?

Notiere deine Gedanken rund um die jeweilige Metamorphose.
Du kannst auch Bilder oder eigene Zeichnungen hinzufügen.

Latona und die lykischen Bauern

Apoll und Daphne

Die Nymphe Echo

Pygmalion

Daedalus und Icarus

Orpheus

Kompetenz-Checkpoints In Puncto

In Puncto I (nach Text 5 Apoll und Daphne)

Texterschließung	😁	😊	😮	Wiederholung
Ich kann verschiedene Methoden zur Texterschließung anwenden.				S. 10, T1 / S. 12, T1 / S. 21, T1 und T2
Übersetzungsfragen				
Ich erkenne Hyperbata (KNG-Kongruenz) sicher.				S. 13, Ü2
Ich erkenne Konjunktive und ihre Verwendung.				S. 14, Ü3
Ich kann Partizipien passend übersetzen.				S. 18, Ü2 / S. 22, Ü2
Ich erkenne den Ablativ und kann ihn übersetzen.				S. 22, Ü1
Interpretation				
Ich kann die Bedeutung von Mythen für die Menschen der Antike erklären.				S. 5, Infotext
Ich kann die Wirkung rhetorischer Gestaltungsmittel beschreiben.				S. 23, I1 b)
Ich kann hexametrische Verse skandieren und vortragen.				S. 8
Ich kann das Verhalten der Götter im Text bewerten.				S. 14, I3 / S. 23, I3
Ich kann die Textaussage aktualisieren.				S. 15, I4
Ich kann Rezeptionsdokumente mit einem Text vergleichen.				S. 19, I3

Falls du nicht überall 😁 angekreuzt hast: Wiederhole die Aufgaben oder frage nach Zusatzmaterial.

In Puncto II (nach Text 10 Epilog)

Texterschließung	😁	😊	😮	Wiederholung
Ich kann Vorüberlegungen zur Texterschließung nutzen.				S. 29, T1
Übersetzungsfragen				
Ich erkenne unterschiedliche Kasusfunktionen.				S. 26, Ü3
Ich kann Übersetzungsvarianten reflektieren.				S. 34, Ü2
Ich kann ein Tempusprofil erstellen und erklären.				S. 25, Ü1
Ich kann nd-Formen unterscheiden und übersetzen.				S. 30, Ü2
Ich kann Deponentien erkennen und übersetzen.				S. 34, Ü3
Interpretation				
Ich kann einen Perspektivwechsel vornehmen.				S. 35, I3 / S. 41, I1b)
Ich kann Textbeobachtungen kreativ umsetzen.				S. 27, I3b
Ich kann Aufbau und sprachl. Gestaltung eines Textes beschreiben.				S. 34, I1
Ich kann Hybris als menschliches Verhalten erklären.				S. 31, Infokasten
Ich kann den Schriftsteller Ovid historisch und literarisch einordnen.				S. 42, I1
Ich kann Gründe für Ovids Verbannung reflektieren.				S. 42, I2

Falls du nicht überall 😁 angekreuzt hast: Wiederhole die Aufgaben oder frage nach Zusatzmaterial.

I1 Mutando perde figuram!

a) Markiere in V. 8–12 die Sachfelder „Körper" und „Pflanze" mit zwei unterschiedlichen Farben. Betrachte die Abfolge der Farben und erläutere, wie Ovid die Verwandlung sprachlich umsetzt.

b) Beschreibe die Statue von Gian Lorenzo Bernini (1622–1625), indem du den Infokasten von S. 7 anwendest. Beschrifte die Statue danach mit Zitaten aus dem lateinischen Text. Vergleiche diese mit den Ergebnissen von a).

I2 Happy End?

Daphne hatte sich, schon bevor der Pfeil sie traf, gegen die Erfüllung der klassischen Frauenrolle und für ein freies, selbstbestimmtes Singledasein entschieden. Hat ihre Geschichte damit ein Happy End? Erörtere.

I3 Ovid und die Götter

Apoll war der Lieblingsgott des Kaisers Augustus. Was dachte Augustus, als er diese Geschichte über Apoll hörte? Greife auf deine Ergebnisse aus der Tabelle („Die Götterwelt" → S. 6) zu Apoll zurück.

Text 6 Daedalus und Icarus I

In Athen lebte und arbeitete der berühmteste Künstler und Erfinder der Antike – Daedalus. Weil er aus Neid seinen Neffen umgebracht hatte, musste er aus Athen fliehen. Er lebte mit seinem Sohn Icarus auf Kreta, wo er im Auftrag des König Minos ein Labyrinth baute. König Minos hielt die beiden auf der Insel fest ...

Daedalus interea Creten longumque perosus
exilium tactusque loci natalis amore
clausus erat pelago. „Terras licet“ inquit „et undas
obstruat: et caelum certe patet; ibimus illac:
omnia possideat, non possidet aera Minos.“
Dixit et ignotas animum dimittit in artes
naturamque novat.

Daedalus ... perosus *PP* → perodisse Daedalus, der hasste, dem verhasst war • Creten *Akk. Sg.* Kreta • locus natalis Geburtsort • pelagus = mare • licet soll er *(gemeint ist Minos)* doch! • obstruere versperren • patere offen stehen • illac auf diesem Weg • aera *Akk. Pl.* → aer • animum dimittere den Geist versenken, hineintauchen • ignotus unbekannt • novare *vgl.* novus •

Nach dem Vorbild von Vögeln baut Daedalus Flügel (alas).

Puer Icarus una
stabat et, ignarus sua se tractare pericla,
ore renidenti modo, quas vaga moverat aura,
captabat plumas, flavam modo pollice ceram
mollibat lusuque suo mirabile patris
impediebat opus. Postquam manus ultima coepto
inposita est, geminas opifex libravit in alas
ipse suum corpus motaque pependit in aura.
Instruit et natum „Medio“ que „ut limite curras,
Icare,“ ait „moneo, ne, si demissior ibis,
unda gravet pennas, si celsior, ignis adurat:
inter utrumque vola! Nec te spectare Booten
aut Helicen iubeo strictumque Orionis ensem:
me duce carpe viam!“

una daneben, dabei • ignarus *m. AcI* ohne zu wissen, ahnen, dass • pericla = pericula • tractare betasten, berühren, bearbeiten • modo ... modo bald ... bald • ore renidenti mit vor Freude strahlendem Gesicht • quas vaga moverat aura, captabat plumas *ordne:* captabat plumas, quas vaga aura moverat • flavus gelb • mollibat = molliebat • lusus *vgl.* ludere • manus ultima imponere letzte Hand anlegen • inposita = imposita • coeptum das Vorhaben, das Projekt • geminus zwei, Zwillings- • opifex 🕮 • librare in gleichmäßig auf etwas verteilen • mota *PPP* → movere • pendere (pendeo, pependi) hängen • aura Luft • instruere = docere • medio limite auf einer mittleren Bahn • ne damit nicht • demissior *Komparativ* niedriger, tiefer • ibis → ire • gravare *vgl.* gravis • celsus hoch • adurere verbrennen • uterque, utraque, utrumque beide • nec ... ensem und ich befehle dir, nicht *(das Sternbild)* des Boötes anzuschauen oder den Bären und das gezückte Schwert *(des Sternbilds)* Orion • viam carpere „einen Weg pflücken“

Überreste des restaurierten, minoischen Palastes von Knossos auf der Insel Kreta.

T1 Leitfragen V. 1–7:

Lies den gesamten Abschnitt mehrmals laut. Beantworte die folgenden Fragen mit lateinischen Textbelegen und paraphrasiere sie auf Deutsch: Welche zwei Gründe bewegen Daedalus, die Insel Kreta zu verlassen?

Welchen Fluchtweg wählt Daedalus?

Wie begründet Daedalus seine Wahl?

Welche Folgen hat Daedalus' Entscheidung?

T2 Personen und ihre Handlungen (V. 8b–21a)

a) Erschließe die Umsetzung von Daedalus' Vorhaben, indem du zunächst nur die Prädikate und Subjekte der Hauptsätze in eine Tabelle nach folgendem Muster einträgst.

Subjekt	ggf. notw. Ergänzung zum Prädikat (z.B. Objekt, Prädikatsnomen...)	Prädikat	Überschrift T2 b)
Puer Icarus	una	stabat	...
...	...	...	...

b) Gliedere den Text in der Tabelle aufgrund der Personen und Tempora in Sinnabschnitte und gib ihnen prägnante Überschriften. Beachte dabei Ü1.

Ü1 Tempusbildung und -verwendung

Sortiere die Verbformen in die Körbe. Achte bei der Gliederung des Textes auf die Tempora und begründe, was sie in der Erzählung bewirken.

clausus erat – patet – dixit – ibimus – novat – stabat – moverat – captabat – instruit – ibis – impediebat

Plusquamperfekt

Perfekt

Imperfekt

Präsens

Futur

Ü2 Tatsache oder Vorstellung? Ordne die Verbformen zu.

licet – vola – obstruat – patet – gravet – ibimus – possideat – possidet – adurat – carpe

Tatsache (Indikativ)	Vorstellung (Imperativ, Konjunktiv, Futur)

Ü3 Besondere Kasusfunktionen

Bestimme den Kasus des unterstrichenen Wortblocks und finde die passende W-Frage.

loci natalis amore	Kasus	Frage
manus ultima coepto imposita est	Kasus	Frage
geminas opifex libravit in alas	Kasus	Frage

Ü4 Ein Wort – viele Facetten

Der Begriff ars taucht im gesamten Text mehrfach auf. Schreibe nach und nach Textbelege aus Text 6 und Text 7 heraus und untersuche, wie die Bedeutung sich verändert.

V. 6 ignotas animum dimittit in artes	
V. ...	

I1 Daedalus auf Kreta – eine Urlaubsreise?

Der Anfang der Geschichte ist geprägt von Gegensätzen. Arbeite sie heraus und beachte auch ihre Stellung innerhalb eines Verses.

Daedalus interea Creten longumque perosus
exilium tactusque loci natalis amore
clausus erat pelago. „Terras licet“ inquit „et undas
obstruat: et caelum certe patet; ibimus illac:
omnia possideat, non possidet aera Minos.“

I2 Vater und Sohn

a) Betrachte den gesamten Text noch einmal. Beschrifte dann die Protagonisten mit lateinischen Ausdrücken, die ihren Charakter und ihr Verhalten beschreiben: Achte dabei auf ihre Namen, auf Adjektive, ihre Handlungen und den Satzbau.

b) Vergleiche das Verhalten der beiden Personen und ihr Verhältnis zueinander. Stelle die Beobachtungen in einem Standbild dar oder fertige eine Zeichnung an.

I3 Eine spannende Geschichte – Vorlage für ein Drehbuch?

a) Betrachte nun noch einmal das Tempusprofil aus T2 b) und ergänze es nach und nach für den gesamten Text (V. 1–48).

b) Erstelle dann unter Beachtung des Tempusprofils ein Storyboard für die Verfilmung des Textes oder zeichne den Text als Bildergeschichte. Welche Handlungen passieren im Hintergrund, welche treiben die Geschichte voran? Achte auch darauf, wie sich die Gefühle des Lesers / des Filmzuschauers verändern.

Text 7 Daedalus und Icarus II

Pariter praecepta volandi
tradit et ignotas umeris accommodat alas.
Inter opus monitusque genae maduere seniles
et patriae tremuere manus. Dedit oscula nato
non iterum repetenda suo pennisque levatus
ante volat comitique timet - velut ales, ab alto
quae teneram prolem produxit in aera nido -
hortaturque sequi damnosasque erudit artes
et movet ipse suas et nati respicit alas.
...
cum puer audaci coepit gaudere volatu
deseruitque ducem caelique cupidine tractus
altius egit iter. Rapidi vicinia solis
mollit odoratas, pennarum vincula, ceras.
Tabuerant cerae: nudos quatit ille lacertos
remigioque carens non ullas percipit auras
oraque caerulea patrium clamantia nomen
excipiuntur aqua, quae nomen traxit ab illo.
At pater infelix, nec iam pater, „Icare“, dixit,
„Icare“ dixit „ubi es? Qua te regione requiram?“
„Icare“ dicebat: pennas aspexit in undis
devovitque suas artes corpusque sepulcro
condidit et tellus a nomine dicta sepulti.

pariter gleichzeitig • praeceptum Vorschrift, Lehre • accomodare anpassen • monitus, us *m vgl.* monere • maduere = maduerunt • madescere nass werden • gena Wange • senilis, e *vgl.* senex • patrius *vgl.* pater • tremuere = tremuerunt • tremere • oscula non iterum repetenda Ü2 • velut wie • ales = avis • ab alto quae teneram prolem produxit in aera nido der seine junge Brut aus dem hoch gelegenen Nest in die Luft führt • damnosus verderbenbringend • erudire = docere • natus = filius • respicere *m. Akk.* sich umsehen (nach), achten (auf) •

Die fehlenden Verse findest du in Aufgabe I3.

cum als, als plötzlich *(nachgestellter Nebensatz)* • volatus, us *m vgl.* volare • incipere (incipio, coepi) anfangen, beginnen • egit → agere • vicinia Nachbarschaft, Nähe • rapidus *vgl.* rapere • mollire *vgl.* mollis • odoratus duftend • vinculum Band, Verbindung • tabuerant → tabescere • quatere • remigio carens ohne Ruder • non ullas percipit auras er hat keinen Halt mehr in der Luft •
ora → os, oris *n* • caerulea aqua das blaue Wasser • excipere aufnehmen •
nomen traxit nomen trahere Ü1 •
nec iam = non iam •
aspicere (aspicio, aspexi) = spectare •
devovere (devoveo, devovi) •
sepulcro condere Ü1 •
tellus, uris *f* Erde, Gegend •
sepultus *PPP* → sepelire • dicta <est>

Römisches Medaillon mit Daedalus und Icarus. Bronze. 2. / 3. Jh. n. Chr.

T1 V. 22–29

a) Eine Schülerin hat zu I2b aus Text 6 eine Skizze gezeichnet. Betrachte sie und notiere: Was erwartest du im folgenden Text zu lesen?

b) Setze nun die Texterschließungstabelle (Subjekt / Prädikat + notw. Ergänzung) aus T2 (Text 6) fort. Trage Adjektive ein, die den Inhalt weiter illustrieren.

Subjekt	Adjektive	ggf. notw. Ergänzung zum Prädikat (z.B. Objekt, Prädikatsnomen...)	Prädikat
...	...	...	...

T2 V. 36–48

a) Lies nun die Fortsetzung der Geschichte mehrmals laut. Achte dabei vor allem auf die Personen und auf syntaktische Auffälligkeiten.

b) Formuliere dein erstes Textverständnis.

c) Beschreibe auch die Wirkung des Textes.

Ü1 Redewendungen

Wie im Deutschen gibt es auch im Lateinischen zahlreiche Redewendungen, die man ohne gute Kenntnis der Sprache nicht verstehen würde. Was heißt z.B. „jemandem etwas aus der Nase ziehen"?

Finde jeweils eine gute Übersetzung für die folgenden Redewendungen.

praecepta tradere	Vorschriften ausliefern?		
cupidine caeli tractus	von der Begierde des Himmels gezogen?		
iter agere		comiti timere	
sepulcro condere		nomen trahere	
artes devovere		tellus dicta est	

Ü2 nd-Formen

Wiederhole die Verwendung und Bildung von Gerundium und Gerundivum und übersetze.

praecepta volandi	
oscula repetenda	
oscula non repetenda	

I1 Der Mythos als Vorlage für ein Drehbuch

a) Ab V. 36 überschlagen sich die Ereignisse. Erläutere, mit welchen sprachlichen Mitteln Ovid diese Wirkung erzielt (mit Textbelegen). Stelle heraus, wie du diese mit filmischen Mitteln umsetzen könntest.

b) Erkläre, welchen Erzählkunstgriff Ovid anwendet, wenn er sagt: dedit oscula nato non iterum repetenda suo (V. 24–25). Stelle aus dem Text weitere Beispiele für dieses erzählerische Mittel zusammen. Betrachte dazu auch Ü4 aus Text 6. Wie würde dieses Mittel im Film umgesetzt?

I2 Der Mythos von Daedalus und Icarus ist weltberühmt

Stelle Thesen auf: Was hat den Mythos so erfolgreich gemacht?

Hybris

Der Begriff Hybris stammt aus der griechischen Ethik. Damit wird ein übergroßes Sicherheits- und Glücksgefühl, ein übermäßiges Vertrauen auf die eigene Kraft bezeichnet. Er schließt auch die Überschreitung der dem Menschen gesetzten Grenzen ein sowie die damit verbundene Verachtung und Lästerung der Götter. Dies fordert den göttlichen Unwillen und Strafe heraus.

13 Der Traum vom Fliegen 

a) Im Text wurden die Verse 30–35 ausgelassen. Lies sie aufmerksam und erläutere ihre Funktion im Text.

30 Hos aliquis tremula dum captat harundine pisces,
aut pastor baculo stivave innixus arator
vidit et obstipuit, quique aethera carpere possent,
33 credidit esse deos. Et iam Iunonia laeva
parte Samos - fuerant Delosque Parosque relictae -
dextra Lebinthos erat fecundaque melle Calymne,

Diese sah jemand, während er mit dem zitternden Schilfrohr Fische fing, oder ein Hirte auf seinen Stab oder ein Bauer auf seinen Pflug gestützt, und stutzte, und glaubte sie seien Götter, die den Aether durchfliegen können. Und schon war auf der linken Seite die der Juno geweihte Insel Samos – es waren schon Delos und Paros zurückgelassen – und rechts lagen Lebinthos und die honigreiche Calymne,

b) Beschreibe das Bild „Der Sturz des Ikarus" von Pieter Bruegel. Vergleiche es dann mit dem Text.

c) Von dem Astrophysiker Subrahmanyan Chandrasekhar stammt der Ausspruch: „Lasst uns feststellen, wie hoch wir fliegen können, bevor die Sonne das Wachs in unseren Flügeln schmilzt." Stelle Vermutungen an, was der Wissenschaftler ausdrücken wollte, und beziehe das Zitat auf den Mythos.

Pieter Bruegel der Ältere:
Der Sturz des Ikarus. Musées Royaux des Beaux-Arts. Brüssel. 1555–1568.

Text 8 Pygmalion

Zutiefst angewidert vom Treiben der Propoetiden – der Sage nach die ersten Frauen, die sich prostituierten – lebte der Bildhauer Pygmalion zurückgezogen ohne Frau auf der Insel Zypern und widmete sich ganz seiner künstlerischen Arbeit an einer Statue.

Virginis est verae facies, quam vivere credas
et, si non obstet reverentia, velle moveri:
ars adeo latet arte sua. Miratur et haurit
pectore Pygmalion simulati corporis ignes.
Saepe manus operi temptantes admovet, an sit
corpus an illud ebur, nec adhuc ebur esse fatetur.
Oscula dat reddique putat loquiturque tenetque
et credit tactis digitos insidere membris
et metuit, pressos veniat ne livor in artus.

quam ... credas von der man glauben könnte, dass sie ... • obstare im Wege stehen, entgegenstehen • reverentia 📖 • moveri sich bewegen • haurire pectore ... ignes eine leidenschaftliche Liebe zu ... fassen • simulatum corpus der nachgebildete Körper, das Abbild eines Körpers • manus admovere *m. Dat.* die Hände an etw. legen • an ... an ob ... oder • ebur, eboris *n* Elfenbein • adhuc immer noch •

insidere sich eindrücken • metuit ... artus *ordne:* metuit, ne livor in artus pressos veniat. • livor, oris *m* blauer Fleck • artus *Akk. Pl. m* Glieder, Gliedmaßen •

Am Venusfest tritt Pygmalion an den Altar der Liebesgöttin und spricht eine Bitte aus. Venus' Antwort: Ihr Opferfeuer flammt dreimal auf.

Ut rediit, simulacra suae petit ille puellae
incumbensque toro dedit oscula: visa tepere est.
Admovet os iterum, manibus quoque pectora temptat:
temptatum mollescit ebur positoque rigore
subsidit digitis ceditque, (...).
Dum stupet et dubie gaudet fallique veretur,
rursus amans rursusque manu sua vota retractat.
Corpus erat! Saliunt temptatae pollice venae.
Tum vero Paphius plenissima concipit heros
verba, quibus Veneri grates agat, oraque tandem
ore suo non falsa premit dataque oscula virgo
sensit et erubuit timidumque ad lumina lumen
attollens pariter cum caelo vidit amantem.

ut rediit als er nach Hause zurückkehrte • incumbere toro sich aufs Bett werfen • tepere warm werden • temptare befühlen • ponere = deponere • rigor 📖 • subsidere nachgeben •

stupere staunen • dubie im Zweifel • vereri = timere • votum Wunschobjekt • retractare betasten • salire pochen • pollex 📖 •

Paphius heros = Pygmalion • plenissima verba concipere tief empfundene Worte sprechen • Venus, Veneris *f* • grates agere danken •

erubescere erröten • timidus *vgl.* timere • lumen 📖 • pariter zugleich

T1 Recherchiere im Internet einen Film zum Thema / Beruf „Bildhauer“. Notiere stichwortartig, wie ein Bildhauer vorgeht.

T2 a) Lies die V. 1–9 aufmerksam durch. Markiere die Subjekte und Prädikate. Lege nun Tabellen nach dem Muster an und liste alle Handlungen Pygmalions (ggf. mit zugehörigem Akkusativobjekt) auf. Stelle ebenfalls alles zusammen, was du über die Statue oder Teile von ihr erfährst.

Pygmalion	Statua

b) Vergleiche anschließend Pygmalions künstlerisches Arbeiten mit dem gefundenen Video. Trage die Ergebnisse in die Marmorblöcke ein.

Unterschiede

c) Notiere deine Erwartungen an den Fortgang der Geschichte. Lies danach den Text ab Vers 10, markiere Subjekte und Prädikate und setze die Tabellen fort. Gib den Textinhalt mit eigenen Worten mündlich wieder.

Ü1 Berührungen

Ordne alle Worte aus dem Text, die in das Sachfeld „berühren" gehören, in die Kästen. Was fällt dir auf?

Ü2 Kunst – Kunstfertigkeit – Künstlichkeit?

In V. 3 kommt die Vokabel ars zweimal vor. Wähle die Übersetzungsmöglichkeit aus, die den Textsinn deiner Meinung nach am ehesten trifft. Begründe deine Entscheidung.

"So sehr verbirgt sich ihre Künstlichkeit hinter der perfekten Anfertigung."
(R. Henneböhl)

„So lässt Kunst nicht sehen die Kunst."
(E. Gottwein)

"So viel Kunstfertigkeit steckt in dem Kunstwerk."
(J. Rettberg)

Ü3 Deponentien

Ordne den Farbklecksen zu: moveri, fatetur, reddi, loquitur, miratur, livor, visa est, falli, veretur. Ein Wort passt in keinen Farbklecks!

Deponens

kein Deponens

I1 Zum Ablauf der Metamorphose

a) Erkläre mit eigenen Worten, wie die Verwandlung abläuft. Überlege auch, wodurch sie ausgelöst wird.

b) Analysiere die Metrik im folgenden Vers und erkläre das Zusammenwirken von Inhalt und Form.

Corpus erat! Saliunt temptatae pollice venae.

12 Pygmalions Frauenbild

a) Untersuche und erläutere: Wie reagiert die „Statue" nach ihrer Verwandlung? Welche Eigenschaften hat sie?

b) Erkläre, was Pygmalion für sein Kunstwerk empfindet. Schreibe die Gründe für diese Empfindung mit Textbelegen auf. Umschreibe Pygmalions Frauenbild.

13 Perspektivwechsel

Stell dir vor, du wärst die ehemalige Statue. Versetze dich in den Moment nach dem letzten Vers und fülle die Gedankenblase.

14 Do-it-yourself

a) Vergleiche die Darstellung im Cartoon von Gerhard Glück (geb. 1944) mit der Pygmalion-Episode.

b) Stell dir vor, du könntest eine(n) Traumpartner(in) selbst herstellen. Wähle Eigenschaften aus, die du ihr / ihm mitgeben würdest. Erörtere Vor- und Nachteile einer solchen Möglichkeit.

c) Suche im Internet nach Rezeptionsbeispielen des Pygmalion-Motivs z.B. „My Fair Lady" oder „Pretty Woman". Vergleiche sie unter dem Aspekt „Nähe zum Original".

Gerhard Glück: Gefährtin.

15 Mythos, Fiktion oder schon Realität?

Informiere dich über die folgenden Erschaffungsgeschichten: Adam und Eva, Deucalion und Pyrrha und künstliche Intelligenz in Romanen. Nimm Stellung, wie realistisch / unrealistisch sie nach heutigem Wissensstand sind.

Text 9 Orpheus

Der Sänger Orpheus verlor an seinem Hochzeitstag seine Frau Eurydice durch einen Schlangenbiss. Damit rissen nach antiker Vorstellung ihre Schicksalsfäden. Fortan lebte Eurydices Seele als Schatten in der Unterwelt. Orpheus stieg in die Unterwelt (Avernae valles) hinab und sang zu seiner Lyra vor den Unterweltgöttern.

„Eurydices, oro, properata retexite fata!
Omnia debemur vobis paulumque morati
serius aut citius sedem properamus ad unam.
Tendimus huc omnes, haec est domus ultima vosque
humani generis longissima regna tenetis.
Haec quoque, cum iustos matura peregerit annos,
iuris erit vestri: pro munere poscimus usum.
Quodsi fata negant veniam pro coniuge, certum est
nolle redire mihi: leto gaudete duorum!“

Eurydices (*Gen. Sg.* → Eurydice) • properata fata die zu früh gerissenen Schicksalsfäden • retegere wieder anknüpfen • deberi verdanken • morati → morari sich aufhalten • serius *Adv.* später • citius *Adv.* schneller, früher • tendere hingehen • huc hierhin •

haec = Eurydice • peragere, (-ago, -egi) vollenden • maturus gereift, älter • iuris vestri erit sie wird euch gehören • munus, eris *n* Geschenk • usus *hier* vorübergehender Besitz • quodsi wenn aber • fata *hier* die Schicksalsgötter • letum •

Alle Unterweltbewohner sind sehr ergriffen ...

Eurydicenque vocant: umbras erat illa recentes
inter et incessit passu de vulnere tardo.
Hanc simul et legem Rhodopeius accipit heros,
ne flectat retro sua lumina, donec Avernas
exierit valles; aut inrita dona futura.
Carpitur adclivis per muta silentia trames,
arduus, obscurus, caligine densus opaca,
nec procul afuerunt telluris margine summae.
Hic, ne deficeret, metuens avidusque videndi
flexit amans oculos et protinus illa relapsa est
bracchiaque intendens prendique et prendere certans
nil nisi cedentes infelix arripit auras.

Eurydicen (*Akk. Sg.* → Eurydice) • recens, ntis gerade angekommen, noch neu • umbras ... inter *ordne:* illa erat inter umbras recentes • passus, us *m* Schritt • tardus langsam • vulnus, eris *n* Wunde (des Schlangenbisses) • hanc simul et legem *ordne:* hanc et simul legem • lex, legis *f* Gesetz, Bedingung • Rhodopeius heros = Orpheus • flectere • sua lumina = suos oculos • donec solange bis • Avernae valles Unterwelt • inritus vergeblich • futura = futura esse (*Inf. Fut. von* esse) • trames, itis *m* Pfad, Weg • mutus stumm, lautlos • arduus steil • caligo opaca • tellus summae Oberwelt • margo, inis *m* Rand • afuerunt → abesse • hic hier • hic, ne deficeret, metuens *ordne:* hic metuens, ne Eurydice deficeret • deficere ermüden • metuere, ne Ü1 • protinus *Adv.* sofort • relapsa → relabi, relabor • intendere ausstrecken • prendere greifen • nil nisi nichts als • arripere ergreifen

T1 Lege eine MindMap zur „Unterwelt" an.

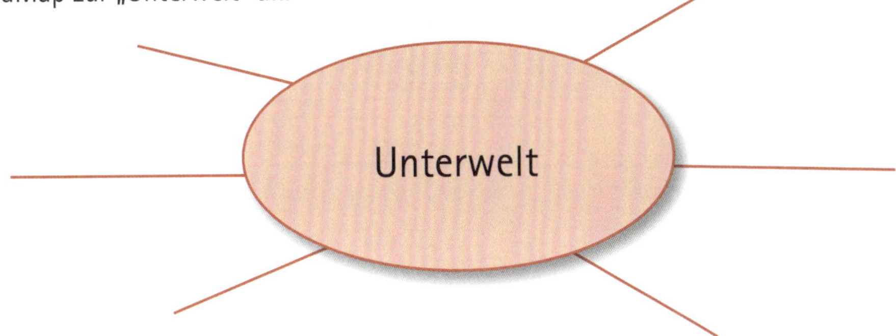

T2 a) Übersetze V. 1. Welches Ziel verfolgt Orpheus?

b) Erschließe nun den Text (V. 1–9), indem du zu folgenden Sachfeldern und Personen (beachte die Personalendungen!) knappe Zitate aus dem lateinischen Text herausschreibst.

Pluto / Proserpina

Schicksal / Tod

Rechtsprechung

Orpheus / Eurydice

T3 V. 10–14

Suche im Text nach Informationen über die Reaktion der Unterweltgottheiten. Beschreibe Orpheus' Redestrategie, die ihn zu seinem Ziel führen soll.

T4 V. 15–21

Lies den Textabschnitt mehrmals laut. Beachte auffällige Formulierungen. Gib die Atmosphäre der Szene mit entsprechenden lateinischen Ausdrücken wieder.

Ü1 ut – ne

	dass nicht	dass
Heros accipit legem, ne flectat retro sua lumina		
Metuens, ne Eurydice deficeret.		

Ü2 PPP, PP, PPA, nd-Form

Ordne die Formen ein. Achtung: Zwei Irrläufer haben sich eingeschlichen.
morati, properata, fata, recentes, avidus videndi, metuens, certans, cedentes, amans, intendens

PPP

PPA

PP

nd-Form

Achte auf die Verwendung dieser Formen im Text. Welche Wirkung haben sie im Hinblick auf den Textinhalt? Achte auch auf den Klang!

I1 Lex

Lex ist der meist diskutierte Begriff der Erzählung. Stelle Vermutungen an: Warum stellen die Götter Orpheus diese Bedingung? Was veranlasst Orpheus, das Gesetz zu missachten?

I2 Sehnsucht

Erkläre, welche menschlichen Grunderfahrungen der Mythos von Orpheus widerspiegelt.

I3 L`Orfeo

Gegen Ende des 16. Jh.s entstand eine neue musikalische Gattung: die Oper. Auf der Grundlage des Mythos von Orpheus schuf der Komponist Claudio Monteverdi (1567–1643) mit der Oper L`Orfeo ein erstes Meisterwerk dieser neuen Gattung. Die Hinwendung zum klassischen Mythos ist typisch für die geistige Auseinandersetzung mit der Antike zu dieser Zeit. Die Oper L`Orfeo wurde 1607 uraufgeführt. Höre als Ausschnitt die Szene, in der Orpheus mit Eurydice aus der Unterwelt hinaufsteigt (4. Akt, Takte 94-148; recherchiere dafür z.B. im Internet die Aufführung Ponnelle / Harnoncourt, Zürich 1978, 1:17:40 – 1:22:35).

Auguste Rodin: Orpheus und Eurydice.
The Metropolitan Museum of Art, New York. 1893.

ORHPEUS

Qual onor di te sia degno,
Mia cetra onnipotente, (...)
Vedrò l'amato volto,

noch heute werde ich am weißen Busen
meines Weibes geborgen sein.
Ich singe; doch wehe: Wer versichert mir,
dass sie mir folgt? Wehe! Wer will mir der
geliebten Augen süßes Licht vorenthalten?
Vielleicht missgönnen
die Götter der Unterwelt
mir so viel Glück, und deshalb
verwehren sie mir, dass ich euch,
geliebte Augen, wiedersehe;
allein euer Blick kann jeden glücklich machen!
Wovor hast du Angst, mein Herz?
Was Pluto verbietet, befiehlt die Liebe.
Einer so mächtigen Gottheit,
die Menschen und Götter besiegt
muss auch ich gehorchen.

HIER HÖRT MAN EIN GERÄUSCH HINTER DEM VORHANG.

Doch was höre ich? Weh mir Armen!
Wüten da, mir zum Verderben, etwa
liebestolle Furien und rauben mir
die Geliebte? Und ich lasse es zu?

HIER DREHT ORPHEUS SICH UM.

O süßeste Augen, ich sehe euch vor mir;
doch welche Finsternis, wehe, löscht euch aus?

EIN GEIST

Du brachst das Gesetz, verdienst keine Gnade.

EURYDIKE

Ach, allzu süßer Anblick; und allzu bitter!
So verlierst du mich aus übergroßer Liebe?

Ed io, misera, perdo
Il poter più godere
E di luce e di vita, e perdo insieme
Te, d'ogni ben più caro, o mio consorte.

Deutsche Übertragung von Konrad Kuhn (Rechte beim Urheber).

a) Beschreibe, wie Monteverdi zu Beginn das Voranschreiten auf dem Weg musikalisch darstellt. Welche Stimmung herrscht anfangs?

b) Nach einer Zeit des Voranschreitens ändert sich die Stimmung, weil Orpheus zu zweifeln beginnt, ob Eurydice ihm noch folgt. Erläutere, mit welchen musikalischen Mitteln Monteverdi diesen Stimmungsumschwung gestaltet.

c) Vergleiche den gesamten Ausschnitt mit den Versen von Ovid und beschreibe Gemeinsamkeiten und Unterschiede.

Text 10 Epilog

T1 Ovid begann sein carmen mit einem Proömium (➔ Text 1). Rufe dir die Einleitungsverse noch einmal in Erinnerung. Nun ist der Autor am Ende seiner Arbeit angelangt. Führe mögliche Themen seines Nachworts an.

Iamque opus exegi, quod nec Iovis ira nec ignis
nec poterit ferrum nec edax abolere vetustas.
Cum volet, illa dies, quae nil nisi corporis huius
ius habet, incerti spatium mihi finiat aevi.
Parte tamen meliore mei super alta perennis
astra ferar nomenque erit indelebile nostrum,
quaque patet domitis Romana potentia terris,
ore legar populi, perque omnia saecula fama,
siquid habent veri vatum praesagia, vivam.

Schon habe ich mein ________ vollendet, das weder ________ ________ noch ________ noch ________ noch das ________ ________ werden vernichten können. Jener Tag, der nur das Recht über diesen Körper hat, soll, wann er will, die Dauer meiner ungewissen Lebenszeit beenden. Doch werde ich mit dem besseren Teil von mir ________ über die ________ hinausgetragen werden, und ________ wird ________ sein, und dort, wo sich in den unterworfenen Ländern die römische Macht erstreckt, werde ich vom Mund ________ gelesen werden, und durch alle Jahrhunderte werde ich durch den Ruhm, wenn die Vorhersagen der Seher etwas Wahres haben, ________.

T2 Erarbeite dir eine vollständige Übersetzung, indem du die Lücken mithilfe des lateinischen Textes ergänzt.

Ü1 Verwechslungsgefahr – Ind. Präs., Futur I, Konj. Präs.
Ordne ein und begründe für je eine Verbform, warum Ovid sie an dieser Stelle verwendet.

poterit – ferar – patet – habent – erit – finiat – volet – vivam – legar

I1 Super alta astra ferar ...

a) Arbeite aus dem Text heraus, was Ovid genau für sich und sein Werk prophezeit (auf Lateinisch und Deutsch).

b) Versetze dich in die Lage eines römischen Lesers. Formuliere mögliche Gedanken im Wortlaut. Berücksichtige dabei den Infokasten.

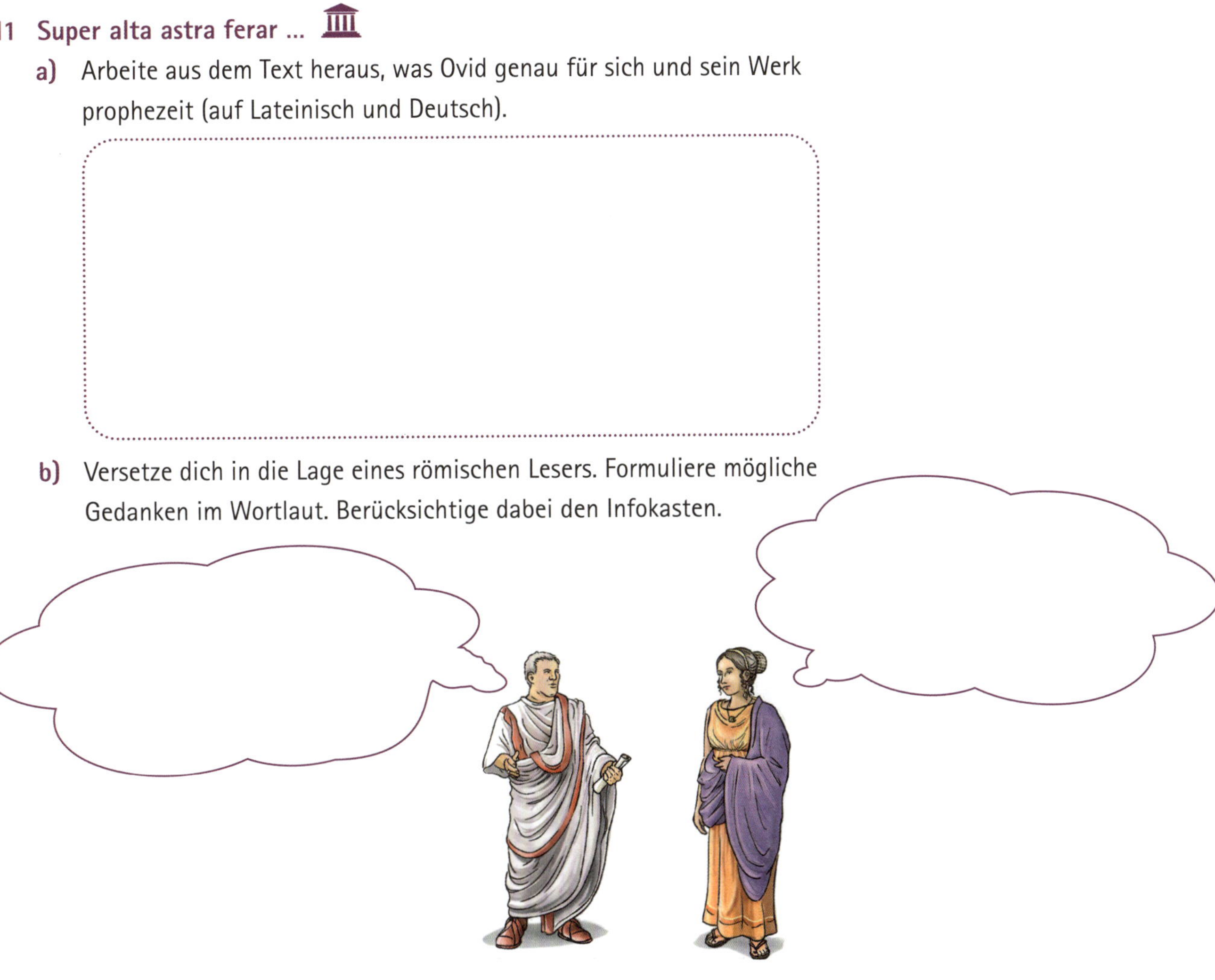

Apotheose (griech. „Vergötterung", „Vergöttlichung") bedeutet die Zuerkennung von göttlichen Ehrerbietungen an einen Menschen bzw. die Feststellung seiner „Vergöttlichung". Nach Ovid (Met.15, 843f.) stieg C. Iulius Caesar mithilfe von Venus nach seinem Tod als Komet auf und wurde zu einem Stern. Er wurde als Gottheit *Divus Iulius* verehrt. Von Augustus an gehörte die Divinisierung zum römischen Kaiserkult. Die meisten nachfolgenden römischen Kaiser suchten auch schon zu Lebzeiten eine besondere Beziehung zu einem Gott (z.B. Augustus – Apoll). Ovid prophezeit auch Augustus die Aufnahme in den Himmel (accedat caelo Met.15, 869f.).

I2 Vivam!

Bewerte Ovids Prophezeihung im Vergleich zu seiner Biografie und aus heutiger Sicht.

Opus exegi

I1 Ovid und die Götter

Du erinnerst dich sicher: Ovid bittet in seinem Proömium die Götter um Inspiration. Nach Fertigstellung seines Werks überreicht er ihnen ein Exemplar als Geschenk und bittet sie um ein Urteil. Entscheide, wie das Urteil der einzelnen Gottheiten ausfällt.

Zwölf-Götter-Altar. Louvre. Paris. 1. Jh.

I2 Der verbannte Dichter

Du hast gelesen, dass Ovid – noch vor Veröffentlichung der Metamorphosen – verbannt wurde. Der Grund war wahrscheinlich die Ars Amatoria, ein Liebesratgeber. Doch dies gilt nicht als sicher. Welche Gründe für die Verbannung fallen dir selbst nach der Lektüre der Metamorphosen ein? Beziehe die Informationen aus den Kästen Apotheose (→ S. 41), Kaiser Augustus (→ S. 42) und Mythologie (→ S. 5) in deine Überlegungen mit ein.

Kaiser Augustus und die mores maiorum

Augustus' innenpolitische Bestrebungen zielten alle darauf ab, die altrömischen Tugenden wiedererstehen zu lassen (Restaurationspolitik), um die Moral in der römischen Bevölkerung zu verbessern, dies besonders im Bereich der Ehe- und Sittengesetzgebung. Augustus glaubte einer immer lockerer werdenden Moral Einhalt gebieten zu müssen.

13 Mythos als Spiegel des Menschlichen

a) Betrachte nun die Sammelfolien „Mutatae Formae" und „Quid ad me?".
Welche menschlichen Eigenschaften und Verhaltensweisen spiegeln sich in den Metamorphosen? Trage entsprechende Begriffe in den Spiegel ein.

b) Im Vorwort wurde geweissagt, dass auch du dich möglicherweise in einem Spiegel siehst. Nimm dir ein paar Minuten Zeit, darüber nachzudenken.

c) Der griechische Philosoph Sallustios definierte 360 n. Chr. einen Mythos sinngemäß als „Etwas, was niemals geschah, aber doch immer ist".
Überlege, was damit gemeint ist, und versuche, diese Definition auf einen im Arbeitsheft vorgestellten Mythos zu übertragen.

14 Rezeption

Ovids Heimatort möchte zu seiner Rehabilitierung eine Ausstellung zum Thema „Ovidius vivat!" eröffnen. Dazu fehlt es deinem unten abgebildeten Ausstellungsraum noch an Artefakten. Schreibe, male, fotografiere, drehe einen Videoclip oder musiziere zu der Erzählung dieses Arbeitsheftes, die dir besonders gefallen hat. Anregungen kannst du dir bei allen Mythen dieses Arbeitsheftes holen, denn dort hast du mindestens ein Rezeptionsdokument kennengelernt.
Verwende auch die Sammelfolie „Quid ad me?".

Membra artusque – Körperteile und Körperglieder

Beschrifte die beiden Darstellungen während oder nach der Lektüre eines jeden Textes mit lateinischen Begriffen aus dem Sachfeld „Körper".